Anselme CHODATON

Un Vade Mecum pour l'accompagnement au mariage

Anselme CHODATON

Un Vade Mecum pour l'accompagnement au mariage

Mariage chretien

Éditions Croix du Salut

Imprint

Any brand names and product names mentioned in this book are subject to trademark, brand or patent protection and are trademarks or registered trademarks of their respective holders. The use of brand names, product names, common names, trade names, product descriptions etc. even without a particular marking in this work is in no way to be construed to mean that such names may be regarded as unrestricted in respect of trademark and brand protection legislation and could thus be used by anyone.

Cover image: www.ingimage.com

Publisher:
Éditions Croix du Salut
is a trademark of
Dodo Books Indian Ocean Ltd. and OmniScriptum S.R.L publishing group

120 High Road, East Finchley, London, N2 9ED, United Kingdom
Str. Armeneasca 28/1, office 1, Chisinau MD-2012, Republic of Moldova, Europe
Printed at: see last page
ISBN: 978-620-3-84619-5

UN VADE MECUM POUR L'ACCOMPAGNEMENT AU MARIAGE

ANSELME CHODATON

INTRODUCTION GENERALE

La préparation au mariage, la formation à la vie conjugale et familiale et la promotion de l'école de mariage sont d'une importance capitale pour l'Église et la société. Le sacrement du mariage en effet, est pour toute la communauté chrétienne une nécessité à valeur anthropologique sociale et eschatologique. D'ailleurs, la décision des époux ne peut pas être sujette à une improvisation, encore moins à un choix délibéré. À d'autres époques, la préparation pouvait compter sur l'appui de la société qui reconnaissait les valeurs et les biens du mariage. Sans heurts ni doutes, l'Église en protégeait et continue d'en protéger la sainteté, consciente du fait qu'il représentait une garantie ecclésiale, puisqu'il constituait la cellule vitale du Peuple de Dieu. L'appui que le mariage trouvait dans les communautés chrétiennes, au moins dans celles évangélisées en profondeur, était ferme, compact. Séparations et échecs du mariage étaient en général rares, et le divorce était considéré comme une « plaie » sociale (cf. *Gaudium et Spes* [GS] 47).

Aujourd'hui, au contraire, dans des cas qui sont loin d'être l'exception, on assiste à un malaise dans les foyers religieusement mariés. Dans certains pays, et plus particulièrement ceux économiquement développés, le taux des mariages a diminué. On se marie plus tard, le nombre de divorce et de séparation augmente, même dès les premières années de la vie conjugale. Des inquiétudes pastorales se posent : les personnes qui se marient y sont-elles réellement préparées ? La préparation au mariage et à la vie conjugale qui en découle se présente comme une grande nécessité pastorale, avant tout pour le bien des époux, mais aussi pour le bien de la communauté chrétienne tout entière et celui de la société en général. C'est pourquoi l'intérêt porté à la question s'accroît de partout et les initiatives se multiplient pour fournir des réponses appropriées. Ainsi donc, oser parler de l'école de mariage reste une gageure. Cependant, le jeu en vaut la chandelle. Cette expérience pastorale faite en deux ans permet de proposer un ***vade mecum*** pour accompagner les couples au mariage, à travers quelques modules de cours.

LA NECESSITE DU MARIAGE CHRETIEN

Introduction

Le mariage est l'alliance entre un homme et une femme qui ont décidé de faire de la communion de leurs personnes un chemin d'épanouissement réciproque et d'ouverture à la procréation dans la différence sexuelle. Dans la perspective du christianisme le mariage est un sacrement comme mémoire, actualité et prophétie de la relation du Christ et de l'Eglise. Il s'agit pour les couples chrétiens de vivre leur mariage conformément au dessein de Dieu. En ce sens, le sacrement du mariage sanctifie l'union d'un homme et d'une femme. Il situe ainsi l'amour des époux au cœur de l'amour de Dieu pour l'humanité. La redécouverte du mariage chrétien est d'une nécessité capitale aujourd'hui pour un engagement matrimonial plus sincère et franc. Pour y parvenir, il s'agit de :

- évoquer le pourquoi du mariage,
- énumérer quelques caractéristiques du mariage chrétien,
- rappeler le pour quoi du sacrement.

1.- Le pourquoi du mariage chrétien ?

Avant d'évoquer la question du "pourquoi se marier à l'Eglise ?'', il convient de présenter brièvement une définition du mariage.

1.1.- Brève définition du mariage

Le mariage de façon générale est l'union de deux personnes, en l'occurrence de sexes opposés, dans le but de s'unir pour la vie en formant un couple. Au point de vue social, il est une alliance entre un homme et une femme, liés par un même amour. Il est aussi une réalité familiale, c'est-à-dire un pacte "*Bérith*'' (Gn 24, 1-4) entre deux familles voire deux clans ou parfois entre deux royaumes. Le mariage chrétien est le « *pacte d'amour conjugal ou le choix conscient et libre par lequel l'homme et la femme accueillent l'intime communauté de vie et d'amour voulu par Dieu lui-même* »[1]. La spécificité du mariage chrétien en tant que sacrement, réside dans la communion des personnes par analogie ou participation à la relation d'amour trinitaire. Les conjoints deviennent donc image et symbole de l'Alliance (Eph 5, 22-32) qui unit Dieu et son peuple. En créant l'homme et la femme, il les a appelés, dans le mariage, à une intime communion de vie et d'amour : « *à cause de cela, ils ne sont plus deux, mais un seul* » (Mt 19,6). En les bénissant, Dieu leur a dit : « *Soyez féconds et multipliez-vous* » (Gn 1,28). Parler du "pourquoi se marier à l'Eglise ?''revient à insister sur la légitimité et les caractéristiques du sacrement.

1.2.- La légitimité[2] et les caractéristiques du mariage

Il faut se marier à l'Eglise parce que le mariage sacramentel reste dans la logique du baptême. D'abord, le chrétien au baptême devient fils dans le Fils unique qu'est Jésus Christ. Il accède à la filiation divine et est reconnu comme fils de l'Eglise. D'ailleurs, l'apôtre Paul dit : « C*'est en Adam que tous meurent. Mais c'est dans le Christ que tous revivent. Là où le péché a abondé, la grâce a surabondé* »[3]. Ensuite, dans le mariage, il devient Epoux dans les épousailles du Christ pour l'humanité. Il ne peut devenir fils dans le Fils tout en refusant de devenir époux comme l'Epoux divin. Le mariage sacramentel entre dans la cohérence du baptême. Il est le prolongement du oui dit au baptême. Enfin, le mariage chrétien est comme le sacrement de l'amour rédempteur, puisque le Christ veut que tout mariage entre chrétiens actualise et perpétue son amour pour l'humanité et pour l'Eglise. C'est pourquoi le pape Jean-Paul II dira : « *Jésus-Christ, l'Epoux qui aime et qui se donne comme Sauveur de l'humanité en se l'unissant comme son corps, révèle la vérité originelle du mariage, la vérité du « commencement » et, en libérant l'homme de la dureté du cœur, le rendant*

[1]- *Gaudium et Spes* n°48 ; *Familiaris consortio* n° 11.
[2]- Cf. Cours sur la nécessité du mariage chrétien de l'EVF.
[3]- Cf. 1Co 15.

capable de la réaliser entièrement »[4]. Les caractéristiques du mariage chrétien viennent renforcer les raisons de cette légitimité. Au nombre des caractéristiques du sacrement du mariage, on note :

- La sacralité et la fécondité du mariage

Le mariage chrétien est Divin, saint parce qu'il est « *une institution du Créateur pour réaliser dans l'humanité son dessein d'amour* » (HVn°8 ; GS n°48§1). Il est donc assumé dans l'amour divin qui en est la source (GS n° 48§2). Il est l'image et la participation de l'amour du Christ et de l'Eglise (GS n°48,4 ; LG n°7§8 ; n°11§2 ; n°41§4). L'amour conjugal est l'archétype de l'amour car, « *de toute cette diversité de sens, l'amour entre l'homme et la femme (...) apparaît comme l'archétype de l'amour par excellence devant lequel s'estompe, à première vue, toutes les autres formes d'amour* » DCE n°2§2 ». Il est aussi Fécond puisqu'il est ordonné à la procréation et à l'éducation des enfants (GS n°48§1 ; n°50§1 -2). Il ne s'épuise pas dans la communion réciproque entre les époux mais est destiné à se continuer en suscitant de nouvelles vies (F.C n°11). La fécondité est la caractéristique principale de l'amour conjugal qui symbolise les réalités divines (AL n°11).

- L'éminence humaine et la fidélité totale

Le mariage chrétien est éminemment humain « *puisqu'il va d'une personne vers une personne en vertu d'un sentiment volontaire et se manifeste par des sentiments et des gestes de tendresse et imprègne toute la vie des conjoints* » (GS n°49 §1 ; HV n°9§2). Le mariage chrétien est fidèle, total et exclusif : la fidélité dans le couple ne peut s'établir sur une confiance dans l'autre qui ne passe d'abord par la confiance en Dieu. C'est en se fondant sur la fidélité de Dieu manifestée irréversiblement dans le sacrement de mariage que les époux pourraient être

[4]- Jean-Paul II, *Exhort. Apost. Familiaris Consortio* n°13.

fidèles l'un à l'autre. Le mariage est « *une forme toute spéciale d'amitié personnelle par laquelle les époux partagent généreusement toute chose sans réserve indue ni calculs égoïstes* » (HV n°9). Toutes ces caractéristiques donnent un avant-goût des avantages ou bienfaits du mariage chrétien. Autrement dit, quelles sont les grâces liées au sacrement du mariage ?

2.- Le pour quoi du mariage chrétien ?

Dieu étant la source du mariage, les grâces sacramentelles permettent au couple d'y vivre un amour de même nature que celui de Dieu dans sa Trinité. Au nombre de celles-ci on peut principalement énumérer :

2.1.- L'intime connexion au Christ dans l'amour

Le mariage accorde aux époux une intime connexion au Christ. Dans une lumineuse réflexion, le théologien Alain MATTHEEUWS (2004), rappelle que : « *par la grâce sacramentelle, les conjoints sont greffés l'un à l'autre et ils sont aussi greffés au Christ, à l'arbre de vie que le Christ devient dans et par son Eglise. Cet arbre de vie qui relie la terre au ciel permet que l'amour humain sacramentel soit vraiment de même texture, de même saveur, que l'amour divin* ». Autrement dit, il s'agit d'un amour par participation à celui de Dieu. Les époux s'aiment comme Dieu les aime, jusqu'au don de leur vie : ce qui est possible à Dieu devient possible à l'homme par la grâce du sacrement. Il ne s'agit pas d'une discipline de l'Eglise mais c'est la conséquence de l'amour conjugal. Yves SEMEN (2013), dit qu'« *il n'y a de mariage chrétien que dans la volonté des époux de réaliser dans toute leur vie conjugale l'attitude du Christ-Époux à l'égard de l'Église-Épouse* ».

2.2.- La naissance d'une Eglise domestique et une sainteté de vie

Par le mariage, les époux sont le signe et la présence de l'amour de Dieu pour l'Eglise. Le mariage rend présent et efficace l'amour du Christ pour son

Eglise, un amour qui va jusqu'à la croix. Les époux donnent à l'Eglise d'exister. Alain MATTHEEUWS (2004) renchérit en disant que « *toute nouvelle unité conjugale, par le sacrement de mariage, inscrit de manière indélébile l'amour dans l'Eglise* ». Ils arrivent à la naissance d'une entité ecclésiale qui unit tous les membres de la famille et fait du foyer conjugal une église domestique. Chaque famille est une composante substantielle de l'Eglise. Le mariage donne aussi aux époux une sainteté de vie constamment renouvelée. La prière et les sacrements notamment l'Eucharistie et la pénitence, sont les grandes ressources que l'Église offre aux couples chrétiens. Dans son discours aux Equipes Notre-Dame, le pape Paul VI, affirmait en 1970 que « *si la source humaine venait à se tarir, la source divine est aussi inépuisable que les profondeurs insondables de la tendresse de Dieu* ».

Le mariage ne se résume pas à la nuit des noces mais il s'agit d'une responsabilité pour toute la vie. Il est important pour les jeunes de se poser des questions capitales aux fins d'aller étape par étape sans faire de leur relation une "*vie provisoire*"[5].

3- Quelques étapes de l'amitié au mariage chrétien

Au nombre des étapes, nous pouvons noter fondamentalement qu'il importe vivement de :

3.1.- Avant le mariage

- **Reconnaître la place de Dieu dans sa vie** : le cœur de l'homme ou de la femme est appelé constamment à être connecté à son Seigneur comme le ruisseau à sa source. Car, « *la créature sans son Créateur s'évanouit* »[6]. La prière occupe davantage donc une place de choix dans la vie de deux chrétiens qui veulent vivre ensemble.

[5]- Cf. Pape François, *Christus vivit*, n°264.
[6]- *Gaudium et spes* n°36.

- **Recevoir les sacrements d'initiation chrétienne** que sont le Baptême, l'Eucharistie et la Confirmation. Ils préparent le chrétien de longue date à une vie de croissance progressive et de maturité pour faire de son mariage un sacrement de mission.
- **Envisager le mariage après les études ou dans une vie socio-professionnelle** : on ne se marie pas pour vivre sous le toit de papa et de maman mais être ensemble et construire une harmonie de vie autonome et responsable.
- **Préparer le mariage tant au niveau personnel, familial, civil et religieux** : quand un couple se marie, il devient à la fois un bien personnel propre aux deux conjoints à cause de leur élection exclusive mais aussi un bien commun que la famille, l'Etat et l'Eglise sont appelés à sauvegarder. Ces quatre étapes consécutives aideront les jeunes à prendre un bel envol en toute maturité.

✓ La préparation remonte à l'éducation de base, au contexte familial et tout le cheminement affectif personnel qui ont concouru à la maturité humaine et psychologique.

✓ Les mariages coutumier et civil sont vivement souhaités selon ce que dit l'interrogatoire canonique[7] en vue du projet de mariage.

✓ Au point de vue religieux, la préparation avant et pendant le mariage est capitale pour la réussite de la liturgie du mariage. Il revient au prêtre et à certains couples ayant reçu une formation adéquate en la matière de les y conduire. La retraite des couples et la confession avant le mariage leur permettront davantage d'être en état de sainteté pour la réception du sacrement.

✓ Les conditions d'un mariage sacramentel valide sont essentiellement : la volonté personnelle et libre des conjoints (bien propre des conjoints, bien de la foi, bien de l'Eglise et le bien de Dieu) ; les propriétés (unité et indissolubilité) ; les finalités (communion des personnes, la procréation et

[7]- Cf. L'interrogatoire du diocèse de Porto-Novo.

l'éducation des enfants) ; les capacités physiques et spirituelles ; les empêchements.

✓ La pédagogie de la liturgie du mariage invite à la rencontre personnelle avec Christ, car ils sont au centre de l'évènement : leur ouverture au mystère pascal devient un chemin d'avenir, celui de l'expérience pascale.

3.2.- Pendant le mariage

- **Continuer à mettre Dieu au centre de sa vie** : la place de Dieu ne peut être reléguée au second rang. Il est la source et l'origine de leur union, car « *l'oubli du Créateur rend opaque la créature elle-même* »[8].
- **Assumer son rôle identitaire** : autant la femme est "*gnonnou xwéssi*'', c'est-à-dire à l'image de la femme décrite dans le livre des Proverbes (Pr31)[9], autant l'homme est non un dictateur mais le chef de famille capable de prendre de bonnes décisions pour le bien de toute la famille.
- **Bâtir un foyer solide** : il s'agit d'éduquer les enfants dans l'orthodoxie de la foi catholique. A l'instar de Josué, le couple est appelé constamment à dire : « *ma famille et moi, nous servirons le Seigneur* » (Jos 24,11).

[8]- Idem.
[9]- Par son dévouement et son sacrifice plénier pour le bien de son foyer.

Conclusion

L'union matrimoniale de l'homme et de la femme, fondée et structurée par les lois du Créateur, est ordonnée par nature à la communion et au bien des conjoints, à la génération et à l'éducation des enfants. Selon le plan originel de Dieu, l'union matrimoniale est indissoluble. D'ailleurs Jésus lui-même l'affirme : « *ce que Dieu a uni, que l'homme ne le sépare pas* » (Mc 10,9). Ainsi donc, la nouveauté apportée au mariage par le Christ s'origine non seulement dans la restauration de l'ordre initial voulu par Dieu, mais aussi dans la grâce pour vivre le mariage dans sa dignité nouvelle, qui est le signe de son amour sponsal pour l'Église : « *vous, les hommes, aimez votre femme à l'exemple du Christ : il a aimé l'Église* » (Ep 5,25). De cette façon, le couple qui vit dans cette synergie d'être avec le Christ devient bénéficiaire des grâces sacramentelles liées au mariage. Avant et pendant le mariage, il est important d'apprendre la culture de la chasteté, la culture de la vérité de l'amour, la culture de la vie et la culture de la responsabilité[10].

[10]- Jean-Benoît GNAMBODE, *Se marier… Est-il encore nécessaire ?*, Cotonou, La croix du Bénin, 2015,p. 51-66.

LA DIFFERENCE SEXUELLE, UNE RICHESSE POUR LA FAMILLE

Introduction

Le masculin n'est pas l'égal du féminin et le féminin n'est pas l'égal du masculin. Chaque personne a sa particularité. Celle-ci existe à dessein, pour une complémentarité des deux sexes en vue d'un enrichissement mutuel. Une telle conviction devient essentielle et primordiale dans l'épanouissement de la vie conjugale. Pour y parvenir, nous proposons deux points importants :

- la mise en relief de la particularité de chaque sexe

- la différence sexuelle et complémentarité dans l'enrichissement du couple voire de la société.

1- Les différences essentielles caractérisant l'homme et la femme

Ces différences se remarquent notamment en huit niveaux importants à savoir génétique, physiologique, psychologique, affectif, caractériel (relationnel et dialogal), spirituel et au point de vue des attentes de chacun.

- **Au niveau génétique** : le patrimoine génétique est la première réalité ontologique qui caractérise essentiellement la personne humaine et démontre qu'on se trouve devant une entité différente des autres. Chez l'homme ou la femme il existe ce qu'on appelle la différence chromosomique où chez l'homme c'est l'ultime paire est XY et chez la femme XX. Le chromosome X a la particularité de maintenir dans l'être une sensation de douceur, de lenteur, d'intériorité et d'accueil. Par contre le chromosome Y donne une sensation de force, d'extériorité, de rapidité et de pénétration.
- **Au niveau physiologique** : le corps de la femme est harmonisé, beau, fait de grâce et de souplesse tandis celui de l'homme est rigide, rugueux et souvent dénué d'élégance. Les organes sexuels du féminin sont intérieurs et celui du masculin sont extérieurs. Mais le premier soin de l'enfant qui naîtra de leur rencontre à travers leurs corps passe par la femme que la nature a doté de l'utérus pour la gestation de l'enfant et des seins pour le nourrir.

- **Au niveau psychologique** : pénétrée d'une grande sensibilité et d'une forte émotivité à cause de sa douceur, la femme perçoit les êtres et les choses avec humanité. Elle travaille à les promouvoir, les sauvegarder et les conserver jusqu'au sacrifice. Par contre l'homme, par sa force et sa rapidité, tend à aller vers ls choses et les êtres pour les pénétrer et parfois les réduire à soi. Le symbole de la femme est le cercle qui rassemble pendant que celui de l'homme est la flèche qui transperce et disperse. La femme voit le but dans le début donc voit très loin tandis que l'homme reste plus limité à sa raison et dans son approche de la réalité.
- **Au niveau affectif** : chez la femme, le besoin de tendresse, de relations amicales, empreintes de pureté, de ferveur, de gratuité et de sérieux règne en elle et voudrait aussi en recevoir la pareille en sentant cajolée, câlinée et chérie. La beauté extérieure dont elle s'embaume n'a rien avoir directement avec l'attirance sexuelle. D'ailleurs le chanteur Eglesias Julio dira : « *vous les femmes, vous les charmées, vos sourires nous attirent et nous désarment* ». Quant à l'homme, il sent d'abord son affectivité comme un besoin de rapport sexuel, une pulsion à sortir de lui-même pour jeter son dévolu sur la femme. Il interprète la fascination de la femme comme un appel à copuler. La femme aime le sexe dans un cadre humain, qualitatif et personnaliste.
- **Au niveau de la qualité de la relation** : dans ses relations, la femme privilégie et alimente les paroles et les actes de bonté, de compassion, d'amour, donne son temps, son savoir-faire, sa propre personne... L'homme fait des relations le lieu d'expression de son ego et le moyen d'assouvissement de ses intérêts, de ses compétences, de ses conquêtes... Sa perception des choses et des situations se fait en fonction de sa personne et dans sa relation avec son époux il n'est pas souvent communicatif. L'homme est égocentrique et la femme altruiste.

- **Au niveau dialogal** : dans le dialogue, la femme fait souvent preuve d'humilité en se mettant d'abord à l'écoute de l'autre dans l'oubli de soi. A son tour, la femme exprime une attente par la mimique et le silence que par la parole. Elle est symbolisée par l'oreille. Par contre, l'homme est symbolisé par la bouche, car il est plus porté à parler qu'à écouter. Il aime charmer et baratiner.
- **Au niveau spirituel** : la femme est plus spirituelle que l'homme. Nous n'en voulons pour preuve la présence des femmes dans les églises, temples, mosquées et couvents. La femme a une capacité d'intuition qui voit au-delà du visible. La femme regarde facilement le ciel, tandis que l'homme, la terre. L'homme prend au sérieux le terrestre, l'empirique, les découvertes et recherches qui contribuent à valoriser l'univers.

Il arrive qu'un masculin ait plus de sensibilité féminine et qu'un féminin ait plus de sensibilité masculine. Cela dépend de la dose hormonale ou de l'éducation reçue à la maison. De façon générale, chaque être humain a une particularité relative aux incidences de son sexe. Comment se manifesterait donc la complémentarité des personnes au cœur de la cité avec ces différences essentielles ?

- **Différence sexuelle et complémentarité des personnes au cœur de la cité :** la remarque générale et habituelle nous renseigne que ce sont souvent les hommes qui sont dans l'économique et dans l'organisation des choses publiques à cause de leurs caractéristiques essentielles d'« êtres extériorisés ». Cependant, une telle capacité de conquête et domination conduit parfois l'homme et par le fait, la société vers de mauvais choix et plusieurs inconvénients sont préjudiciables pour le monde.
- La revendication féministe est advenue suite à ces dérives contre lesquelles la femme veut s'octroyer le droit de parler aussi de la chose publique pour relever le défi de l'amour et de la vie là où l'homme semble s'avouer vaincu. Il importe d'impliquer la femme dans la gestion du pouvoir parce que le génie

féminin est un enchevêtrement de douceur, de paix, d'union, d'amour, d'humanité, de moralité, de vie et de foi… Dans une perspective d'ensemble, il faut tout simplement affirmer qu'on ne peut gagner néanmoins la bataille de l'équilibre social que dans l'implication des sexes.

- Les femmes aussi ont les défauts de leurs qualités, car, une plus grande lenteur, une trop grande émotivité et un regard exclusif vers les réalités célestes peuvent respectivement faire tort au développement, conduire à des décisions faussées et faire oublier la terre et les engagements sociaux. En toutes choses, il faut reconsidérer que la femme ne peut pas aller sans l'homme ni l'homme sans la femme.

Après avoir peint ce tableau, il convient de montrer maintenant la richesse qu'on peut tirer de la différence sexuelle pour une vie conjugale.

2- Différence sexuelle et vie conjugale

La différence sexuelle existe en vue de la procréation, elle a aussi une finalité psychologique, éducative, est ordonnée à l'épanouissement de l'homme et de la femme à partir de la complémentarité entre leurs personnes.

- **La différence sexuelle et la procréation** : elle est ordonnée à la procréation, la donation corporelle réciproque pour l'évènement d'autres vies sur la terre. Fabrice Hadjadj fait remarquer que : « *le sexuel définit l'ensemble des caractères qui différencient le mâle et la femelle et leur donnent de s'unir pour procréer... L'acte sexuel a pour finalité d'engendrer un autre que soi, semblable à soi (...)* »[11]. La différence sexuelle constitue en soi une chance pour l'alimentation et la vitalité de la société.
- **La différence sexuelle et son incidence psychologique** : chaque être humain n'arrive vraiment à la découverte de soi que dans la relation avec le sexe opposé. C'est le miroir qui nous révèle à nous-mêmes. Abel Jeannière affirme à cet effet que « *la différenciation sexuelle est un phénomène de réciproque*

[11]- Fabrice HADJADJ, *La profondeur des sexes. Pour une mystique de la chair*, Paris, Seuil, 2008, p.29.

humanisation »[12]. Ce phénomène de réciprocité se poursuit dans la vie du couple dans un brassage interpersonnel, dans l'échange des idées, dans l'affrontement quotidien des défis. Dans l'approche des problèmes communs, chacun arrive à prendre la mesure de son identité, de ses charismes, de ses capacités et de ses richesses.

- **La différence sexuelle, un atout éducatif** : aucune autre personne ne peut connaître les conjoints qu'eux-mêmes dans la valorisation des qualités de l'autre et l'aide à se débarrasser de ses défauts. Il faut tout simplement entreprendre ensemble un itinéraire éducatif commun qui se manifeste comme la continuation de ce qui a commencé depuis la maison originaire. Chacun d'eux est un chemin de perfectionnement pour l'autre. Dieu confie chacun à l'autre avec cette injonction : conduis-le à la perfection, aimes-le, protège-le et fais-le s'épanouir.
- **La différence sexuelle et l'épanouissement réciproque** : l'être isolé est un être désolé. Ainsi donc, la vraie richesse vient de la rencontre et de la vie avec l'autre. Ceci est davantage évident pour le couple humain où les différences sont mises ensemble pour devenir source de richesse. En ce sens, Donval dira : « *ce que la femme est, elle le découvre dans sa relation avec l'homme, ce que l'homme est, il le découvre dans sa relation avec la femme* »[13]. Le pape Jean-Paul II affirmera de façon majestueuse que : « *l'image et la ressemblance de Dieu dans l'homme créé comme homme et femme expriment donc l'unité dans deux dans leur humanité commune. (...) Dans l'unité des deux, l'homme et la femme sont appelés depuis le commencement son seulement à exister 'l'un à côté de l'autre » ou bien « ensemble », mais aussi à exister réciproquement « l'un pour l'autre »* »[14].

[12]- Abel Jeannière. Cité par D. SONET, *Découvrons l'amour*, Dorguet et Ardent, Limoges, 1990, p.23.
[13]- A. Donval, *La sexualité*, DDB, Paris, 1987, p. 8.
[14]- Jean-Paul II, Lett Apost. *Mulieris dignitatem*, n°7.

Conclusion

En conclusion, c'est le lieu de proposer dix gélules pour l'homme que pour la femme pour la sauvegarde de cet enrichissement :

Pour l'homme :

- Aimer, chérir et honore ta femme
- Sois sympathique et manie ta femme avec soin
- Apprécie son effort le plus minime
- Rends-toi propre et rajeuni
- Fais tes budgets avec elle
- Rends-la fraîche et jeune
- Ne permets pas à ta femme de regretter ton mariage en la déshonorant devant tes visiteurs et parents
- Mets en pratique les conseils divins
- Aie du temps pour discuter, joue avec elle
- Prie quotidiennement avec elle

Pour la femme

- Honore et respecte ton mari
- Sois gentille et soumise
- Rends-toi jeune et charmante à lui
- Prépare des repas délicieux et attirants pour lui
- Vis ton budget et ne sois pas dépensière
- Garde une maison propre et ordonnée
- Ne le méprise pas, ne le médis pas, apprécie plutôt son effort
- Supporte ses décisions et conseille-le sagement
- Sois hospitalière, amicale à lui et à ses proches
- Prie pour ton mari et vivez paisiblement

ACCOMPAGNEMENT PASTORAL DES COUPLES VERS ET DANS LE MARIAGE

Introduction

Le mariage de façon générale est l'union de deux personnes, en l'occurrence de sexes opposés, dans le but de s'unir pour la vie en formant un couple. Le mariage chrétien est une alliance conjugale entre un homme et une femme. Dans cette union, l'époux et l'épouse décident de faire de la communion de leurs personnes un chemin d'épanouissement réciproque, d'ouverture à la vie et l'éducation des enfants dans la différence sexuelle. Dans la perspective du christianisme le mariage est un sacrement comme mémoire, actualité et prophétie de la relation du Christ et de l'Eglise. Pour faire rayonner cette relation Christ-Eglise dans les églises domestiques que constituent nos familles, la commission diocésaine pour la pastorale familiale à Porto-Novo se donne aussi comme mission cette année de poursuivre sa marche dans l'accompagnement pastoral des couples. Il s'agit pour nous d'aider les couples à vivre leur mariage conformément au dessein de Dieu et à faire de leur vie un chemin d'épanouissement. Cet accompagnement connaît trois moments importants : un avant, un après et un continuel.

1.- Un avant ou préparation des couples

Comme le suggère en effet le vocable gun (alo wléwlé), ceux qui se marient, se donnent la main pour marcher ensemble, regarder dans la même direction. Ainsi donc, atteindre cet objectif exige de la part des conjoints une préparation. Se préparer, c'est se parer par avance, s'engager à mettre en place le dispositif nécessaire pour que l'évènement désiré et attendu soit beau dans son avènement. Il convient donc de préparer les fiancés, les futurs époux trois à six mois à l'avance. L'éduction de base, le contexte familial et tout le cheminement affectif personnel des conjoints seront moulus et transformés positivement à travers une préparation subdivisée en trois aspects importants pour un mariage chrétien : les aspects notionnel, canonique et liturgique.

1.1.- L'aspect notionnel

Dans ce contexte, l'aspect notionnel du mariage implique que nous rentrions dans sa connaissance à travers sa définition chrétienne, les exigences sociale et esthétique.

- **La connaissance du mariage chrétien**
-

Le baptême étant le premier lieu où le chrétien fait alliance avec le Christ et se rend disposé pour Lui, le mariage en est donc le prolongement, l'aboutissement, le couronnement. Le mariage chrétien est le «*pacte d'amour conjugal ou le choix conscient et libre par lequel l'homme et la femme accueillent l'intime communauté de vie et d'amour voulu par Dieu lui-même*»[15]. La spécificité du mariage chrétien en tant que sacrement, réside dans le fait que les conjoints deviennent image, symbole, visibilité et manifestation de l'Alliance (Ep 5, 22-32) qui unit le Christ et l'humanité. De facto, accepter en même temps les propriétés et finalités du mariage est l'expression propre et juste des deux conjoints qui se disent oui l'un à l'autre dans une unité duelle (*una caro*). C'est une conséquence de cohérence dans le jusqu'au boutisme du Baptême et de l'amour pour le Christ dans une vie à deux. Il y a donc nécessité d'un parcours du mariage.

- **Le parcours du mariage (les étapes)**
-

Au nombre des étapes du parcours du mariage, nous avons :

- La célébration ;
- La lune de miel : aller à la montagne et consommer le mariage pour assurer la stabilité du mariage);

---

[15]- *Gaudium et Spes* n°48 ; *Familiaris consortio* n° 11.

- L'organisation de la maison : harmoniser les points de vue en visant le bien commun, définir les territoires individuels et les territoires communs) ;
- La commune vie à deux (diade) et à trois (triade) tout en gardant la diade : la femme est appelée à vivre sa mission par rapport à l'enfant sans oublier qu'elle est épouse ;
- L'avènement du démon de midi : c'est le passage de la facilité au moment de difficulté qui peut être esthétique (sollicitation externe d'autres visages), biologique (maladies), éthique (absence de modèle), psychologique (des propos qui choquent)
- La vie à deux à la diade : la présence de l'autre pendant que les enfants ne sont plus là. Il s'agit de passer le temps ensemble dans la prière.

- **Les ressources pour une vie conjugale réussie**

  - ✓ La sauvegarde du mariage
  - ✓ La vie à deux dans le nous et non dans le je
  - ✓ Les actes qui disent l'amour
  - ✓ Une vision commune
  - ✓ La communication : répondre aux attentes réciproques
  - ✓ Le pardon
  - ✓ Savoir gérer les surprises (maladies, décès, interférence)

1.2.- Aspect canonique (réglementation)

Lorsqu'il se noue entre baptisés, le mariage reste « *élevé par le Christ à la dignité de sacrement* »[16]. Mais non pas à n'importe quelles conditions. Il y a un modèle de mariage chrétien : il s'agit du mariage comme *« l'alliance... par laquelle un homme et une femme constituent entre eux une communauté de toute*

[16]- *Code de droit canonique*, n° 1055.

la vie ». Pour la validité du sacrement, l'aspect canonique fait appel à trois points fondamentaux à savoir :

- ✓ **La volonté libre et personnelle**

Les conjoints se marient parce qu'ils apprécient la portée de ce vers quoi ils s'engagent dans le mariage chrétien, ils veulent aimer conformément aux recommandations et à l'exemple du Christ pour la gloire du Père, le rayonnement de l'Eglise et leur propre épanouissement dans la foi. Le bien propre, le bien de la foi, le bien de l'Eglise sont donc les critères déterminants dans le choix du mariage chrétien.

- ✓ **La connaissance des propriétés et finalités**

Le mariage a pour propriétés essentielles l'unité (ce qui suppose monogamie et fidélité), l'indissolubilité (ce qui s'oppose au divorce). Il est ordonné au bien des conjoints (dans la communauté d'amour), à la génération et à l'éducation des enfants.

- ✓ **Les capacités et empêchements**

Au nombre des capacités, nous pouvons citer : la capacité physique qui permet de vérifier le caractère viril des deux conjoints par des questions-réponses (une réponse qui engage celui qui en donne) ; la capacité spirituelle et éthique qui s'assure de la connaissance, l'intelligence, la sincérité d'intention et la liberté du choix dans le mariage ; la capacité juridique. Il existe douze empêchements qui peuvent invalider le mariage : les empêchements dirimants : l'empêchement d'âge (can 1083§1), l'impuissance (can 1084§1), l'existence d'un lien précédent (can 1085), la disparité de culte (can 1086), l'empêchement d'ordre sacré (can 277), l'empêchement de vœux religieux, l'empêchement de rapt (can 1397), l'empêchement de crime (can 1090), la consanguinité, l'affinité, l'adoption, l'empêchement d'honnêteté publique.

1.3.- Aspect liturgique

Le rituel du mariage est un véritable chemin. Trois points importants à retenir :

- ✓ **La préparation spirituelle**

Elle concerne la retraite, la confession, des moments forts où chaque conjoint manifeste son désir de laisser au passé ses manquements pour entrer dans une vie nouvelle profitable pour la communauté conjugale.

- ✓ **La préparation vestimentaire**

Il s'agit de donner au couple l'allure qu'il veut sans tomber dans l'extravagance en tenant compte de leurs moyens.

- ✓ **La préparation liturgique**

Elle concerne le choix des textes significatifs pour les futurs conjoints, la rédaction des prières dites universelles, la répétition pour harmoniser les gestes et paroles liturgiques et l'embellissement de l'église aux couleurs de la solennité de la célébration dans la beauté et la bonté du cœur.

Au terme de notre réflexion sur la première partie de ce cours, il convient de retenir essentiellement que le mariage loin d'être une imposition est un réel chemin d'épanouissement pour les conjoints qui décident de faire route ensemble. Marcher ensemble suppose une préparation à la fois dans la connaissance du mariage chrétien, dans sa réglementation et dans la célébration liturgique. Si la première partie est l'accompagnement pré-matrimonial, la deuxième qui lui est connexe demeure une nécessité. Il s'agit de l'après de la célébration du sacrement, autrement dit de l'accompagnement post-matrimonial.

Après la présentation de l'accompagnement pré-matrimonial, il convient maintenant d'aller à la découverte de l'accompagnement post-matrimonial. Il s'agit essentiellement de l'après mariage.

2- Un après ou l'école de la vie conjugale

Après le mariage, l'accompagnement des couples se poursuit à travers l'école de la vie conjugale qui contient trois niveaux importants :

- l'école de la vie par la spiritualité conjugale,
- l'école de la vie à travers la charité conjugale et familiale,
- l'école de la vie dans la pastorale du lien.

2.1.- L'école de la vie par la spiritualité conjugale

L'école de la vie conjugale passe en tout premier lieu par la spiritualité conjugale puisqu'il existe une spiritualité propre aux personnes mariées.

- **Qu'est-ce que la spiritualité conjugale ?**

D'abord, la conjugalité est la communion de vie et d'amour née de l'engagement réciproque entre un homme et une femme. La conjugalité qui caractérise essentiellement le mariage possède des aspects spécifiques qui sont liés au sacrement de mariage : communauté de vie et d'amour, unité, indissolubilité, procréation et éducation des enfants... Ensuite, la spiritualité quant à elle, est le moyen par lequel nous cherchons à connaître, interpréter et comprendre la volonté de Dieu sur nos vies et quelle doit être notre réponse sur le chemin de la sainteté. Dans sa constitution dogmatique *Lumen Gentium*, le Concile Vatican II affirme que « *les époux contribuent à l'édification de la charité fraternelle et apportent leur témoignage et leur coopération à la fécondité de l'Eglise, notre Mère, en signe de participation de l'amour que le Christ a eu pour son Epouse et qui l'a fait se livrer pour elle* »[17]. Le pape Jean-Paul II donne toute

[17]- Cf. *Lumen Gentium* n° 41§5.

la profondeur de la spiritualité conjugale dans ses catéchèses sur la théologie du corps. En effet, « *la théologie du corps* » est « *le titre donné par Jean-Paul II au premier grand projet d'enseignement de son pontificat* »[18]. C'est une riche réflexion biblique sur la signification de l'incarnation humaine, en particulier dans les domaines de la sexualité et l'amour conjugal.

- **Quel est son fondement, son but et ses moyens ?**

Le fondement de la spiritualité conjugale réside dans l'appel que le Christ adresse aux époux les invitant à aller à lui : « *ensemble, l'un et l'autre, l'un avec l'autre, l'un par l'autre* »[19]. Dans le sacrement de mariage il y a une double et réciproque alliance : l'alliance entre les époux qui se donnent le sacrement et l'alliance du Christ avec les époux. Le but de la spiritualité conjugale est donc la sainteté. Elle n'est pas seulement un but mais une attitude de vie, une façon de se comporter jour après jour. Les moyens de la spiritualité conjugale sont essentiellement : l'Eucharistie, le sacrement de réconciliation, l'écoute de la Parole de Dieu et l'oraison.

2.2.- L'école de la vie à travers la charité conjugale et familiale

L'école de la vie pour les conjoints passe aussi par les valeurs de la vie conjugale au sein de la famille nucléaire ou celle élargie. Le pape Benoît XVI propose aux couples chrétiens la théologie de la charité conjugale et familiale.

- **Son affirmation dans son encyclique *Deus caritas est***

Selon le pontife, la charité ou la *Caritas* ou encore l'*agapè* qui est l'amour de donation de soi, doit purifier l'éros (l'amour besoin), le transformer et l'élever. Ainsi donc, « *l'amour devient maintenant soin de l'autre et pour l'autre. Il recherche au contraire le bien de l'être aimé : il devient renoncement, il est prêt*

[18]- West, Christopher (2014), Théologie du corps pour les débutants, une nouvelle révolution sexuelle, Ed. Emmanuel, p. 11.
[19]- Henri CAFFAREL, Pour une spiritualité du chrétien marié, Op. Cit., pp. 249-250

au sacrifice, il le recherche »[20]. Les couples chrétiens en font particulièrement l'expérience entre conjoints, entre parents et enfants, entre frères et sœurs, famille nucléaire et famille élargie. Dans cette dynamique, Théophile AKOHA, corroborera dans son livre, *La charité conjugale et familiale*, en ces termes : « *la charité est à la fois la pureté et la plénitude de l'amour. Elle est pureté car elle est sincère, candide, sans détour ni alliage égocentrique. Elle trouve sa concrétude dans l'engagement pour le bien de la personne, pour le bien de la promotion et pour le bien de la communion* »[21].

- **Les moyens pour vivre la charité conjugale et familiale**

Dieu est la source de la toute charité conjugale et familiale. Cependant, au cœur de nos familles existent des types de relations telles la conjugalité (les conjoints entre eux), la parenté biologique (les géniteurs et les enfants), la fratrie (les enfants (entre eux) et enfin la parenté lignagère (familles nucléaire et élargie). La charité entre conjoints est le fruit d'une rencontre de deux êtres - homme et femme - qui sont l'un pour l'autre don et exige trois modes pour sa sauvegarde et sa fécondité : la bienveillance, la bénédiction et la bienfaisance. « *Quand on aime, on ne veut pas seulement le bien du conjoint, on dit du bien de lui et on lui fait du bien* »[22].

2.3.- L'école de la pastorale du lien

La figure référentielle qui oriente la réflexion ici est celle du pape François qui invite les pasteurs à une pastorale du lien dans le chapitre 8 de l'Exhortation apostolique *Amoris Laetitia* (AL 291- 312). Il propose une triple tâche : accompagner, discerner et intégrer.

[20]- Benoît VXI, *Deus caritas est*, n°6.
[21]- Théophile AKOHA, La charité conjugale et familiale, Sophia, Cotonou, 2019, p. 3.
[22]- Idem, p. 35.

- **Accompagner**

Sous le regard de Jésus, l'Église est comme un hôpital de campagne qui « *doit accompagner d'une manière attentionnée ses fils les plus fragiles, marqués par un amour blessé et égaré, en leur redonnant confiance et espérance* » (AL 291). En aucune manière l'Église ne doit renoncer à proposer l'idéal complet du mariage puisque « *le mariage chrétien se réalise pleinement dans l'union entre un homme et une femme qui se donnent l'un à l'autre dans un amour exclusif et dans une fidélité libre, s'appartiennent jusqu'à la mort et s'ouvrent à la transmission de la vie* » (AL 292).

- **Intégrer**

Pour ce qui est de l'intégration, l'appel est radical : « *intégrer tout le monde* » (AL 297). La seule route que peut emprunter l'Église, la route de Jésus, est celle « *de ne condamner personne éternellement* » (AL 296). Chacun appartient à la communauté ecclésiale de manière singulière, il peut s'y sentir objet de la miséricorde de Dieu. La tâche qui revient à l'Église est de « *révéler la divine pédagogie de la grâce dans leurs vies et de les aider à parvenir à la plénitude du plan de Dieu sur eux* » (AL 297).

- **Discerner**

Le discernement qui est le troisième axe vaut en particulier pour les personnes divorcées et remariées. Ce discernement passe par la reconnaissance de « *l'innombrable diversité des situations concrètes* » (AL 300) : divorces récents ou anciens, présence d'enfants etc. L'exhortation ne donne donc pas « *une nouvelle législation générale du genre canonique applicable à tous les cas* » (AL 300). Le pape encourage au discernement personnel et pastoral des prêtres ou de l'ordinaire des lieux.

La troisième partie de ce cours ouvrira l'horizon sur la formation continue, une nécessité pour les couples aujourd'hui.

3.- Un continuel dans la formation permanente des couples

La formation permanente des couples demeure aujourd'hui une nécessité en ce sens qu'elle assure l'instruction continue des couples mariés et leur suivi dans le but de transmettre à leur tour le savoir reçu lors des formations. La formation permanente se poursuit sur les paroisses ou peut et doit s'élargir à l'Ecole d'Education aux Valeurs Familiales[23] ou mieux encore à l'Ethefas[24], Ecole théologique pour la famille et la société née depuis 2020 comme suit :

3.1.- Les objectifs et le contenu de la formation

- **Les objectifs de la formation**

Ils constituent essentiellement à donner aux couples :

- Une connaissance anthropologique du mariage
- Une connaissance théologique et fondamentale du mariage
- Une connaissance pastorale du mariage

- Le contenu de la formation pour les couples

Au nombre des thématiques, il y aura entre autres :

- Amour conjugal dans le magistère
- Sociologie de la famille
- Sociologie de l'éducation
- Ethique sexuelle
- Bioéthique générale et spéciale
- Droit matrimonial
- Paternité et maternité responsable

---

[23]- Les paroisses d'Ekpè et de Sacré-cœur sont les deux cadres de formation de la commission diocésaine de la pastorale familiale pour l'enseignement à l'EVF. L'EVF et la PFN ont fait plusieurs expériences et serve de tremplin pour la formation permanente des couples.

[24]- sise à la cathédrale, l'Ethefas a pour objectif de Former l'homme intégralement à travers les aspects spirituel, moral, intellectuel et humain.

- Le corps humain entre éthique et esthétique …..

3.2.- Les outils nécessaires pour la formation des couples

- Les objectifs et modalités de la formation,
- Son contenu : présentation des thèmes,
- La catéchèse des couples.

Conclusion

Au terme de cette présentation sommaire de l'accompagnement des couples, notons en substance qu'il tient compte de trois étapes importantes à savoir : un avant dans la préparation des couples au mariage, un après dans la promotion de l'école des couples et un continuel dans leur formation permanente. Au point de vue de la préparation des couples au mariage, il s'agit fondamentalement des couples qui sont en marche vers le mariage et méritent d'aller à la découverte des connaissances notionnelle, canonique et liturgique du mariage. C'est une étape très importante pour les couples et leur épanouissement futur. Au sujet de la promotion de l'école du mariage ou des couples, l'accent est mis particulièrement sur trois aspects : la spiritualité conjugale développée fortement par le pape Jean-Paul II dans ses catéchèses sur la théologie du corps[25], la charité conjugale et familiale soutenue principalement par le pape Benoît XVI dans son encyclique *Deus caritas est*[26] et la pastorale du lien proposée par le pape François dans son exhortation apostolique *Amoris Laetitia*[27]. Enfin dans la troisième partie de ce cours, l'objectif fut de proposer quelques orientations et suggestions dans la formation permanente continue des couples.

25- 129 catéchèses de 1979 à 1984.
26- Datée le 25 décembre 2005.
27- Datée le 13 mars 2016.

LES METHODES NATURELLES DE REGULATION DES NAISSANCES

Introduction

On prétend pour ne pas l'utiliser que la régulation naturelle ne convient qu'à des femmes ayant des cycles extrêmement réguliers alors que celui de nombreuses femmes est irrégulier et que de beaucoup de facteurs émotionnels peuvent bouleverser le cycle. De plus, l'abstinence périodique de quelques jours par mois exigée par les méthodes naturelles pendant la période fertile est perçue comme pénible, impossible à respecter dans un monde où l'on fait la promotion d'une jouissance sans limites (hédonisme). Par ailleurs, les célibataires et les marié(e)s qui veulent vivre une sexualité désordonnée en dehors du mariage rejettent la régulation naturelle car non conforme à leur intempérance[28]. Pour ces pseudos raisons, on opte pour les contraceptifs « modernes ». Ce qui n'est jamais dit pourtant c'est qu'il y a un business faramineux derrière ces contraceptifs. Il existe pourtant plusieurs méthodes naturelles visant à aider les couples à déterminer la période féconde dans le cycle menstruel. Il leur revient, en toute responsabilité, de s'abstenir de relations sexuelles pendant cette période s'ils ne souhaitent pas avoir d'enfant ou inversement d'utiliser ce temps favorable s'ils veulent un enfant.

1- Les méthodes naturelles

Les méthodes naturelles sont celles qui sont inscrites directement dans la nature de la femme et dont l'observation intelligente permet de faciliter l'avènement ou le report d'une nouvelle vie. Quelles sont ces méthodes naturelles ? Avec le Père Théophile AKOHA[29], nous irons à la découverte de ces méthodes appelées naturelles.

[28]-Cf. Abbé Jean Emmanuel KONVOLBO, Prêtre, Professeur d'Écriture Sainte et de langues bibliques Grand Séminaire Saint Jean-Baptiste de Wayalghin in http://www.catholique.bf/contraception/129-contraception-jamais-dit/404-les-methodes-naturelles-de-regulation-des-naissances consulté le 1er octobre 2021.

[29]- Théophile AKOHA est l'actuel Vice-Président de l'Institut Pontifical Jean-Paul II sis à Cotonou, docteur en Ethique et politique et spécialiste des Sciences du mariage et de la famille. Dans son livre, *Fécondité et régulation des naissances*, p. 12-22, il nous éclaire sur le sujet.

1.1- La Méthode d'Ovulation Billings (MOB)

Elle est basée sur l'observation de la glaire cervicale à la vulve dont l'aspect varie tout au long du cycle. Elle est la méthode inventée par le couple australien Jon et Evlyn BILLINGS. Elle est aussi appelée méthode de la glaire cervicale. Elle consiste à la recherche quotidienne de la sécrétion du col de l'utérus pour distinguer la période inféconde de la période féconde. Il y a période inféconde lorsqu'il y a absence de la glaire lubrifiante et période féconde dès que la glaire apparaît élastique et translucide. Quand cette élasticité apparaît il faudrait éviter l'acte sexuel si on ne désire pas une nouvelle grossesse. A coup d'exercices réguliers et patiemment on y parvient. La méthode est très efficace jusqu'à 98°/o. C'est une méthode qui nécessite un petit apprentissage. Même des personnes sans instruction arrivent à la mettre en pratique à la perfection. Sa vulgarisation permet également de réduire le taux de fécondité si cher au dividende démographique.

1.2- La méthode des deux jours

Elle est liée à l'observation et l'absence de secrétions cervicales en deux jours consécutifs. La femme qui n'a noté aucune sécrétion cervicale en elle, hier et aujourd'hui, a de faibles chances de tomber enceinte si elle accomplit l'acte sexuel le jour suivant. C'est une méthode en cours d'expérimentation. On n'en connaît pas encore le taux d'efficacité.

1.3- La méthode thermique ou de température

La méthode des températures consiste à relever quotidiennement la température du corps à l'aide d'un thermomètre tous les matins, dès le début des menstrues pour arriver à fixer le début de l'ovulation et éviter l'acte sexuel en cette période. L'ovulation est censée se produire lorsque, dans un corps sain, advient une chute de température suivie d'une petite élévation. La température corporelle varie d'un à deux dixièmes de degré d'un jour à l'autre et en fonction du cycle, et est plus élevée en période féconde. La température pouvant être influencée par de nombreux facteurs (climat, maladie, fatigue, etc.), cette méthode est le plus souvent utilisée en association d'autres méthodes.

1.4- La méthode d'auto-observation (MAO)

Combinée avec l'observation de la glaire, de la température avec d'autres signes (douleurs à l'ovulation, tension mammaire, etc.). Encore appelée, méthode symptho-thermique, elle procède concomitamment à l'observation thermique du corps, à la palpation du col et du mucus cervical. Au réveil, la femme prend sa température et vérifie la densité de la glaire cervicale. Elle en fait l'interprétation pour déterminer si elle est dans une période féconde ou inféconde. Cette méthode semble aussi retenir l'attention de nombreuses femmes.

1.5- La méthode d'Ogino dite méthode du calendrier

Il s'agit d'un calcul de la période de fécondité à partir de la durée des cycles précédents (réguliers ou non), de la durée de vie de l'ovocyte et de la durée de vie des spermatozoïdes dans les voies génitales. La méthode du calendrier est en pratique la plus « utilisée » dans le monde, mais de façon erronée. En effet, beaucoup de femmes, en particulier les adolescentes, considèrent le 14ème jour comme celui de l'ovulation et comptent un certain nombre de jours avant et après ce fameux jour pour déterminer la période fertile. Cette manière de se « débrouiller » est un moyen sûr de se tromper. La formule de calcul d'Ogino pourtant simple est moins naïve.

1.6- La méthode des jours fixes ou méthode du collier

C'est une simplification de la méthode d'Ogino ou mieux une méthode Ogino améliorée pour répondre, à travers le calcul des jours, à la difficulté des femmes qui ont un cycle plus élargi. Elle est une sorte de chapelet de 32 grains dont certains portent la marque de la période féconde et d'autres celle de la période inféconde. Il suffit que la femme commence à égrener ce chapelet dès le début de ses menstrues pour avoir une maîtrise de son corps et de sa fécondité. Elle convient à celles qui ont un cycle entre 26 et 32 jours.

1.7- La méthode de l'allaitement maternel et d'aménorrhées (MAMA)

Il s'agit de la méthode de l'allaitement maternel exclusif empêche naturellement l'ovulation. Elle est plus spécifique aux femmes allaitantes. Si la femme allaite continuellement son enfant pendant six mois, toutes les quatre heures pendant la journée et toutes les six heures pendant la nuit, et qu'elle n'a pas encore ses menstrues, elle ne peut pas être féconde. Cependant au sixième mois, le retour à la fécondité peut être imprévisible. Il convient d'y faire attention, car on peut bien avoir une possibilité de grossesse sans retour de couches.

1.8- La méthode d'abstinence provisoire

Elle consiste à s'abstenir de l'acte sexuel pendant une période déterminée, décidée de commun accord pour une raison ou pour une autre. Cette méthode est efficace à 100 pour 100. L'abstinence est au fait le principe de toute méthode naturelle. Elle peut prendre un temps plus ou moins long selon les exigences du moment.

2- Les avantages des méthodes naturelles

Les méthodes naturelles ont l'avantages de respecter le cycle ovarien, la nature et la corporéité de la femme. Elles sont inoffensives et permettent à la femme de mieux se connaître pour mieux gérer sa fécondité. Elles permettent à l'homme de poser un regard positif sur la femme. Cette manière d'espacer les naissances est conforme à la volonté de Dieu. Elle instaure un dialogue entre les époux, capital pour une bonne entente. Elle n'a pas de conséquences néfastes sur la santé. Elle est respectueuse de la femme qui a une meilleure connaissance d'elle-même, accueille sa féminité, apprivoise sa fertilité, la fait se sentir en confiance, acceptée, respectée, aimée telle qu'elle est, avec son cycle. De plus, l'abstinence périodique libère les conjoints de l'esclavage du sexe en les exerçant à la maîtrise de soi, ce qui les rend d'ailleurs plus aptes à résister aux tentations d'adultère. Les méthodes naturelles sont enseignées même aux non chrétiens dans les centres médicaux catholiques. Elles répondent aux quatre critères de la paternité et maternité responsable proposés par le pape Paul VI dans son encyclique *Humanae Vitae* au n° 10 :

- Responsabilité dans la connaissance et le respect des fonctions des processus biologiques ;
- Responsabilité dans la nécessaire maîtrise de la volonté et de la raison sur l'instinct et les passions ;
- Responsabilité dans la détermination réfléchie et généreuse du choix du nombre d'enfant en commune décision ;
- Responsabilité dans le respect de l'ordre moral objectif établi par Dieu dans une conscience droite.

Conclusion

La régulation des naissances est une question majeure pour la vie des couples et des femmes. L'Église catholique promeut la parentalité responsable. Notre fécondité est sans doute ce qui nous est le plus intime et le plus personnel. C'est une chose merveilleuse autant que sérieuse que de se partager cette vie en puissance entre un homme et une femme. Mettre au monde un enfant est une aventure et une responsabilité qui n'est pas banale. L'Église n'est ni nataliste (il faut faire autant d'enfants que possible) ni fataliste (vive le hasard). Elle invite les hommes et les femmes qui ont choisi de mener une vie de couple à avoir une fécondité responsable et de trouver leur manière de réguler les naissances qu'ils veulent accueillir. Tous les moyens ne sont pas bons pour autant. L'Église a mis sa préférence dans une régulation naturelle des naissances, pourvu que chacun des membres du couple le veuille vraiment et y ait été préparé et initié. En effet, cela s'apprend. Celles et ceux qui la vivent vous diront quelle liberté et quelle profondeur d'échanges cela a apporté à leur couple[30].

30- Cf. http://www.discernement.com/EthiqueFamilleSexualite/RegulationNaissances.htm consulté le mardi 26 février 2019 à 8h15.

LE MARIAGE, SIGNE HUMAIN DE L'AMOUR DE DIEU

Introduction

Dans cette partie, nous nous intéressons à « la dimension humaine du sacrement, le signe physique, corporel par lequel Dieu communique son amour dans le mariage. Selon le pape Jean-Paul II les époux du Cantique des Cantiques et ceux du livre de Tobie (Tobie et Sara) ont chacun à leur manière, parlé du langage du corps en vérité : « ils trouvent leur place dans ce qui constitue le signe sacramentel du mariage. L'un et l'autre participe à la formation de ce signe »[31].

1- Le signe sacramentel du mariage

Dans chaque sacrement, un signe physique spécifique communique la réalité spirituelle de la grâce qu'il signifie. Dans le mariage, le signe qui communique la grâce de l'amour de Dieu au couple est :

- Selon une première école théologique : l'échange des consentements
- Selon une deuxième école théologique : la consommation.

L'Eglise affirme en résolvant ce débat d'après le droit canonique que « *c'est le consentement des époux qui est la cause efficiente du mariage. Cependant, la consommation d'un mariage contracté entre un homme et une femme baptisés le rend à la fois intrinsèquement et extrinsèquement indissoluble* »[32]. En ce sens, le pape dira que le signe sacramentel du mariage se caractérise par un « *contenu multiforme* »[33] : il commence avec l'échange des consentements, est consommé dans l'union sexuelle et est porté par les époux tout au long de leur vie conjugale[34].

31- TDC 116-5.
32- Christophe WEST, *Théologie du corps pour les débutants*, p. 116.
33- TDC 105-6.
34- Christophe WEST, *Théologie du corps pour les débutants*, p. 116

2- Le langage du corps

L'union charnelle d'un homme et d'une femme est faite pour exprimer l'amour divin. Or c'est précisément ici dans la consommation qu'ils se sont donné, que les époux sont appelés à prendre part, le plus pleinement possible, au « grand mystère » de l'amour divin, de l'union du Christ et de l'Eglise (Ep 5,31-32). « *C'est au moyen des gestes et des réactions, au moyen de tout le dynamisme (...) de la tension et de la jouissance – dont la source directe est le corps dans sa masculinité et dans sa féminité, le corps dans son action et dans son interaction- c'est à travers tout cela que parle l'homme, la personne* »[35]. Si « *l'amour charnel* » est ainsi destiné à exprimer le « *langage de l'agapè* », il est essentiel de connaître les quatre qualités particulières qui le caractérise ainsi : librement (Jn 10,18) ; totalement (Jn 13,1) ; fidèlement (Mt 28,20) ; avec fécondité (Jn 10,10). L'homme et la femme qui sont époux et manifestation de l'amour du Christ pour l'Eglise doivent alors exprimer comme Lui le Christ cet amour mutuellement de façon : libre, totale, fidèle et féconde.

---

[35]- TDC 123-4.

Conclusion

Tout en qualifiant le corps et l'union sexuelle de prophétique dans sa théologie du corps, le pape Jean-Paul II invite les couples à opter pour la vérité de leur corps dans le dessein de Dieu et éviter d'être de faux prophètes dans l'expression du langage du corps. Car quiconque affirme dans toute sa vérité la valeur de l'amour humain peut y découvrir la révélation de Dieu. D'ailleurs, la grâce - le mystère de la vie de Dieu et de son amour d'alliance – est communiqué à travers la « matière » de notre humanité, et non malgré elle. Le sacrement du mariage « *imprime désormais sur les époux son sceau sur toute leur vie* »[36].

36 - TDC 111-5.

LA SPIRITUALITE CONJUGALE

Introduction

Dans ses numéros n°9-41 de la constitution dogmatique sur l'Eglise, *Lumen Gentium*, le Concile Vatican II affirme avec force la vocation universelle de tous les fidèles à la sainteté. La volonté de Dieu c'est notre sanctification (1Th4,3). Elle s'exprime différemment en chacun dans la conduite de sa vie. Soyez parfaits comme votre père céleste est parfait. Chacun est appelé à la perfection de la charité. S'il est clair que tous les baptisés sont fondamentalement appelés à la sainteté, les moyens pour y parvenir sont différents en fonction de la personnalité, des caractères et de fait, des états de vie. Quel est le contenu de la spiritualité de ceux qui sont liés par le mariage et la famille ? Quelles sont les grandes lignes d'une spiritualité conjugale familiale ?

1. La conjugalité

La conjugalité est la situation de vie produite par l'engagement réciproque entre un homme et une femme à partir de leur amour mutuel. La conjugalité qui caractérise essentiellement le mariage s'exprime à travers le don : « *don d'une personne sexuée à une autre personne avec acceptation de cette autre personne de sexe différent, comme si c'était son propre corps* »[37]. Pour les catholiques, plus précisément, la conjugalité possède des aspects très spécifiques qui sont liés au sacrement de mariage : foi, indissolubilité, piété, concept chrétien de la charité, etc.

1.1. Conséquences de la conjugalité

La conjugalité chrétienne, à travers le sacrement, présente le caractère transcendant d'être le symbole de l'alliance de Dieu avec son peuple, le reflet de son amour trinitaire et le don du Christ à son Église[38]. Les vertus de tendresse, de bonté, de douceur, de patience seront toujours pratiquées par les conjoints, de

[37]- VIDAL Marciano, Op.Cit pp. 258
[38]- Ibid, p. 127-128

commun accord après un discernement. Pour les époux, il est essentiel que leur vie intérieure de prière soit objet d'une entraide conjugale en tenant compte de la personnalité de chacun et de ses rythmes, de la prière conjugale, familiale, et des engagements pastoraux. Il ne s'agit pas de fusionner deux spiritualités dans un moule unique pour acquérir la Spiritualité Conjugale. C'est dans le don mutuel que tout se construit. L'amour est la valeur suprême dans la spiritualité conjugale et non la soumission ou la dépersonnalisation.

1.2. L'amour, valeur suprême de la conjugalité

L'amour est la première valeur, celle qui résume et qui est l'origine et le but de toutes les autres. En même temps, il est la caractéristique la plus importante de la conjugalité. La définition chrétienne de l'amour exprimée par le pape Benoît XVI dans son Encyclique « *Deus Caritas Est* » (n°5 et 6) est intrinsèquement liée au concept d'unité de l'être humain : « *en réalité, éros et agapè ne se laissent jamais séparer complètement l'un de l'autre. Plus ces deux formes d'amour, même dans des dimensions différentes, trouvent leur juste unité dans l'unique réalité de l'amour, plus se réalise la véritable nature de l'amour en général* ». Si on détache complètement l'une de l'autre, l'amour dévie en une vraie caricature. Reconnaître le rôle du corps dans l'union de l'homme et de la femme est essentiel ; le mépriser sous prétexte d'une plus grande spiritualité n'est pas une réaction authentiquement chrétienne, non plus d'ailleurs que de l'exalter ou de renoncer à intégrer ses exigences[39].

2. La spiritualité conjugale

MONDONI conçoit la spiritualité comme un « *ensemble de principes et des pratiques qui caractérisent la vie d'un groupe de personnes se rapportant au divin, au transcendantal, à la vie dans l'Esprit. Ce qu'on fait avec celui qu'on*

[39]- CAFFAREL Henri, « La communion charnelle », Lettre Mensuelle Des Équipes Notre-Dame, Septembre-octobre 1971.

croit, les différentes manières par lesquelles on expérimente cette transcendance, les moyens selon lesquels la vie est conçue et vécue »[40].

2.1. La spiritualité conjugale

La Spiritualité Conjugale est un nouvel aspect de la spiritualité chrétienne. Pour les couples chrétiens, il existe une spiritualité tout à fait particulière. La Spiritualité Conjugale « *est l'art de vivre dans le mariage l'idéal évangélique que le Christ propose à tous ses disciples* »[41]. Elle est incarnée dans la vie courante et quotidienne du couple. Le terme spiritualité englobe l'idée d'un cheminement conscient, continu et systématique qui cherche la perfection de la vie chrétienne, en développant au maximum les dons spirituels et matériels que le Seigneur nous a donnés. La spiritualité conjugale n'est pas constituée par la somme de deux spiritualités, du mari et de la femme ; elle n'exclut en aucune manière, la spiritualité personnelle de chacun des époux.

2.2. Le fondement de la Spiritualité Conjugale

À l'origine de la spiritualité conjugale, il y a un appel du Christ : « *nous, époux, « notre vocation » est d'aller au Christ ensemble, l'un et l'autre, l'un avec l'autre, l'un par l'autre* »[42]. La source de l'amour chrétien, affirme aussi le P. Caffarel, n'est pas dans le cœur de l'homme. Elle est en Dieu. La spiritualité conjugale découle de la grâce reçue par la consécration du mariage qui représente une grâce particulière ou spécifique destinée à perfectionner l'amour des conjoints et à fortifier leur unité indissoluble. D'après *Gaudium et Spes* : « *les époux chrétiens, pour accomplir dignement les devoirs de leur état, sont fortifiés et comme consacrés par un sacrement spécial. En accomplissant leur mission conjugale et familiale avec la force de ce sacrement, pénétrés de l'Esprit du*

---

[40]- MONDINI, Op. Cit., p. 18.
[41] - CAFFAREL Henri, « Viens et suis-moi », Lettre mensuelle des Equipes Notre-Dame, XVI° année – n. 2 – novembre 1962, [8. 112]

Christ qui imprègne toute leur vie de foi, d'espérance et de charité, ils parviennent de plus en plus à leur perfection personnelle et à leur sanctification mutuelle ; c'est ainsi qu'ensemble ils contribuent à la glorification de Dieu ». (GS 48,2).

2.3. Le but de la spiritualité conjugale : La sainteté

« *Nous sommes appelés à la sainteté, mais, un saint n'est pas avant tout, comme beaucoup l'imaginent, une sorte de champion qui accomplit des prouesses de vertu, des performances spirituelles. C'est d'abord un homme séduit par Dieu. Et qui livre à Dieu sa vie entière ... Vous êtes appelés à la sainteté. Et c'est dans et par le mariage qu'il vous faut y tendre* »[43]. La sainteté fait référence à la ressemblance avec Dieu. L'image de Dieu, qui est don gratuit aux hommes devient réalité quand le couple laisse agir librement l'Esprit dans sa vie.

2.4. Les moyens de la Spiritualité Conjugale

Les trois grands moyens pour l'épanouissement de la spiritualité conjugale, selon P. Caffarel, sont : l'Eucharistie, l'écoute de la Parole de Dieu et l'oraison.

• **L'Eucharistie :** le sacrement de mariage, signe de l'union de Dieu avec les époux est lié au don du Christ dans l'eucharistie. Il y a un vrai mariage de ces deux sacrements. « *le mariage c'est l'admirable invention du Christ pour que l'eucharistie soit vécue à deux* »[44]. Le sacrement de la réconciliation est important comme source de grâces et du pardon de Dieu.

• **La Parole de Dieu :** elle est source de la révélation que Dieu fait de Lui-même et de la façon de vivre qui permet à l'homme de cheminer vers Lui, donnant ainsi du sens à la vie humaine. « *C'est pourquoi vous devez rejeter tout ce qui salit, tout ce qu'il vous reste de méchanceté, pour accueillir humblement la Parole de Dieu semée en vous ; elle est capable de vous sauver. Mettez la Parole en*

43- CAFFAREL Henri, « Séduits par Dieu » Lettre Mensuelle des Équipes Notre-Dame. XVI° année – n. 10 – juillet 1963, n° 39 Lumen Gentium, n. 40.

44- CAFFAREL Henri, « *Mariage et Eucharistie* », L'Anneau d'Or – LE MARIAGE, ROUTE VERS DIEU. Numéro spécial 117-118 – mai - aout 1964 – pages 242 – 265.

application, ne vous contentez pas de l'écouter : ce serait vous faire illusion » (Jc 1, 21-22).

• **L'oraison :** est « *un rendez-vous d'amour avec le Christ, auquel je suis invité. La foi chrétienne n'est pas un ensemble de croyances philosophiques ou religieuses, c'est une adhésion à la personne du Christ, qui nous conduit au Père dans le souffle de l'Esprit... Prier, sera donc aller à la rencontre du Christ. L'oraison est un rendez-vous, un tête à tête auquel je suis invité* »[45]. La prière est une rencontre ou un dialogue ou un face-à-face, l'écoute de Dieu qui parle d'abord, une relation d'amitié. Entre deux êtres qui s'aiment il ne faut pas beaucoup de paroles, on se comprend à demi-mots. Pour mieux vivre l'oraison, il convient d'enrichir sa méditation par un exercice qui n'est pas stéréotypé :

0. **Le point zéro** – C'est important de choisir le temps et le lieu : exemples - Silence et paix ; présence du Saint Sacrement quand on le peut ;

1. **Se mettre en état de prière**, en position de prière, physiquement et spirituellement …

2. **Choisir un sujet** – pour ne pas passer le temps de prière à divaguer à la recherche d'un sujet qui séduise. Un passage de l'Évangile, une parabole, une simple parole, une idée (la miséricorde, la pauvreté évangélique, …)

3. **Réfléchir sur le sujet** – Ici c'est l'acte central – que signifie cette parabole, cette parole, quel sens a-t-elle pour moi ? Comment peut-elle m'aider à changer ma vie ?

4. **La conclusion en deux actes** : Emporter une idée qu'on va conserver dans son esprit pour y penser, pour en vivre ; Adopter une résolution pratique, quelque chose qui va changer un peu notre vie.

• **L'oraison de contemplation :** au contraire de la méditation, l'oraison de contemplation, n'est pas un travail discursif. Ici c'est Dieu qui fait tout. On est au-delà de toute parole. En revenant au P. Caffarel, il affirme que pour les conjoints

---

[45]- Cette pensée du P. Caffarel est inspirée du parcours proposé par la SR France-Suisse- Luxembourg à la session de vacances de Massabielle - 28 juillet au 3 août 2002 – sur les enseignements du Père Caffarel.

la prière conjugale est « *la prière conjugale est un prolongement de notre sacrement de mariage. Une des raisons de la prière conjugale est d'entretenir en nous la grâce du mariage* »[46].

2.5. Des autres moyens

Il existe bien sûr d'autres moyens qui peuvent nous aider à croître dans la spiritualité :

• **Le pardon** : Il n'y a pas de lien conjugal qui tienne sans pardon. Pardonner ce n'est pas « s'écraser ». Le véritable pardon (Lv 19, 17) suppose de pouvoir dire à l'autre le mal qu'il nous a fait. Le par-don est le « don par-delà » l'offense, le renouvellement de la confiance, le désir de recréer la relation.

• **La formation :** il est conseillé aux époux d'adopter et de se maintenir dans une attitude de disponibilité et de recherche, non seulement en ce qui concerne l'approfondissement de la foi mais aussi envers tout ce qui concerne les différents aspects de leur vie familiale, sociale, pastorale et professionnelle.

• **La participation à des organisations pastorales ou à des mouvements d'Église** : l'appartenance à des organisations aide à se motiver pour la formation, permet le partage d'expériences et de points de vue.

• **Le discernement :** un moyen aussi important de la Spiritualité est le discernement. Pour ne pas laisser sa vie couler au hasard des évènements et des circonstances et progresser dans la vie spirituelle, il faut créer une attitude de discernement.

46- CAFFAREL Henry, « La prière conjugale » – Compte rendu d'Enquête- Lettre mensuelle des Équipes Notre-Dame, Numéro spécial – mars 1962.

Conclusion

Pour conclure, l'Exhortation Apostolique *Christi Fideles Laïci* sur la vocation et la mission des laïcs dans l'église et dans le monde affirme que « *le couple et la famille constituent le premier espace pour l'engagement social des fidèles laïcs. C'est un engagement qui ne peut être assumé de façon valable que dans la conviction de la valeur unique et irremplaçable de la famille pour le développement de la société et de l'Église elle-même* »[47].

[47]- JEAN PAUL II, Exhortation Apostolique *Christi fideles Laici*. Chapitre III- La famille, n°40.

CONCLUSION GENERALE

Le mariage est un lien sacré entre les époux et un don de Dieu. Ce sacrement élève et sanctifie le lien d'amour entre les époux et situe cet amour au cœur de l'amour de Dieu pour l'humanité. Les époux, en échangeant leurs consentements, sont tous deux les ministres du sacrement. L'Eglise est alors témoin de cet échange à travers la présence du prêtre qui témoigne de la place du Christ au cœur même du couple. Le mariage chrétien est un chemin exigeant sur lequel nous apprenons, avec la lumière de l'Esprit Saint, à dominer nos égoïsmes pour mieux aimer et vivre dans la liberté. Le mariage repose sur quatre piliers que scelle l'échange des consentements[48] :

• La liberté du consentement, Être libre ce n'est pas faire ce que je veux, c'est vouloir ce que je fais. Décider de me marier, c'est choisir l'autre "librement et sans contrainte".

• La fidélité de l'engagement : c'est une promesse qui engage. La fidélité c'est accepter l'autre, le respecter, lui pardonner. C'est garder la fraicheur de l'amour et traverser les tempêtes de la vie dans la confiance, avec l'autre. Sur le chemin où ils s'engagent, les époux savent qu'ils peuvent compter sur la présence active de Dieu car Lui aussi s'est engagé et ne faiblira pas.

• L'indissolubilité du lien, comme tout sacrement, il est un don de Dieu qu'on ne lui rend pas. Le chemin de la vie à deux est long. Il y aura des moments plus difficiles où il faudra apprivoiser les défauts de l'autre. Tout au long de la route, chacun changera, il faudra veiller et être attentif à ces changements, prendre du temps pour parler, accepter et cheminer toujours ensemble. Le sacrement du mariage apporte aux époux des grâces spéciales qui accompagneront les époux tout au long de leur vie.

---

[48]- https://paroisse-ablis.fr/content/sacrement-du-mariage-signe-visible-de-lunion-du-christ-et-de-leglise consulté le 1er octobre 2021 à 8h26.

• La fécondité de l'amour : la fécondité du couple se manifeste dans ses enfants mais aussi dans bien d'autres domaines (hospitalité, responsabilités sociales...). L'arrivée d'un enfant, don de la vie, fruit de notre amour, objet de notre affection, conduit les époux à la responsabilité de parents.

Références bibliographiques

1- Bible

- Collectif, Bible de Jérusalem, Paris, Cerf / Verbum Bible,1991.

2- Documents magistériels

- Catéchisme de l'Église Catholique, Paris, Mame / Plon.
- Code de Droit Canonique, Montréal, 3ème Ed. Wilson et Lafleur.
- Concile Œcuménique Vatican II. Constitutions – Décrets – Déclarations, Paris, Centurion.

3- Encycliques

- Jean-Paul II, « Exhortation apostolique "*Familiaris Consortio*" du 22 novembre
- 1981, Paris, Téqui, 2014.
- François, Exhortation apostolique post-synodale "*Amoris Laetitia*" (19 mars 2016), Lomé, Saint-Augustin Afrique, 2016.
- Benoît XVI, *Deus caritas est*, 2005.

4- Lettre apostolique

- Jean-Paul II, Lett Apost. *Mulieris dignitatem*.

5- Ouvrages

- AKOHA. Théophile, *Sexualité et Amour : Dialogue avec les jeunes*, Cotonou, Amour et vie, 2006.
- ----------------------, *La charité conjugale et familiale*, Sophia, Cotonou, 2019.
- -------------------, *La différence sexuelle, une richesse pour la famille et pour la société,* Cotonou, Sophia, 2019.
- ----------------------, *Pourquoi le chrétien doit-il se marier à l'Eglise ?* Cotonou, Sophia, 2019.
- ----------------, *La préparation au mariage*, Cotonou, Sophia, 2019.
- BARBELLON. S-M, *Itinéraire chrétien pour la famille*, Droguet-Ardant, Paris, 1993.

- CAFFAREL. Henri, *Le mariage, aventure de sainteté*, Parole et silence, Paris, 2013.
- CHAPMAN. Gary, *Les langages de l'amour : les actes qui disent : je t'aime*, Ed. Farel ? Paris, 1997.
- DONVAL. A, *La sexualité*, DDB, Paris, 1987.
- GNAMBODE. Jean-Benoît, *Se marier... Est-il encore nécessaire ?* Cotonou, La croix du Bénin, 2015.
- GRAY. John, *Les hommes viennent de mars et les femmes de Venus*, Ed. Logique, Montréal, 1994.
- HADJADJ. Fabrice, *La profondeur des sexes. Pour une mystique de la chair*, Paris, Seuil, 2008.
- JEANNIERE. Abel, *Découvrons l'amour*, Dorguet et Ardent, Limoges, 1990.
- KINKPON. Philippe, *Se marier dans le Seigneur, Le couple chrétien et son identité*, Cotonou, La croix du Bénin, 2012.
- MARIN. J, *Aimer, c'est pardonner*, Ed. Lion de Juda, 1990.
- MUCHIELLI. R., *La psychologie de la vie conjugale*, Ed. ESF, Paris, 1980.
- SEMEN. Yves, La spiritualité conjugale selon Jean-Paul II, Presses de la renaissance, Paris, 2010.
- WEST. Christopher, *La théologie du corps pour les débutants*, Ed de L'Emmanuel, 2014.

6- Webographie

- http://www.discernement.com/EthiqueFamilleSexualite/RegulationNaissances.htm
- http://www.catholique.bf/contraception/129-contraception-jamais-dit/404-les-methodes-naturelles-de-regulation-des-naissances

TABLE DES MATIERES

RESUME DU LIVRE

Devant l'immensité du champ, oser parler de l'accompagnement des couples au mariage reste aujourd'hui une gageure. Cependant, le jeu en vaut la chandelle. Cette expérience pastorale faite en deux ans permet de proposer un ***vade mecum*** à travers quelques modules de cours. La nécessité du mariage exige évidement que les couples se connaissent dans leur différence sexuelle, une richesse pour la famille. Ainsi, ils apprécieront mieux l'urgence de les accompagner vers et dans le mariage. Pendant qu'ils se préparent au mariage, ou une fois mariés, les couples sont appelés à poursuivre librement la formation à travers d'autres aspects de leur vie tels la connaissance des méthodes naturelles de régulation des naissances, le mariage comme signe humain de l'amour de Dieu, la spiritualité conjugale…

BIOGRAPHIE DE L'AUTEUR

Anselme CHODATON est prêtre depuis le 15 août 2013 pour le diocèse de Porto-Novo (BENIN), ville où il naquit le 20 avril 1987. Il fit ses études philosophiques et théologiques au grand séminaire saint Gall de Ouidah de 2006-2013 qu'il conclut avec le baccalauréat théologique. Après 5 ans d'expérience pastorale comme vicaire, il fera 2 ans d'études supérieures et devient titulaire d'une licence canonique et d'un master professionnel en sciences du mariage et de la famille à l'Institut saint Jean-Paul 2 à Cotonou en juin 2020. Il est auteur du livre *Face à la stérilité : des choix anthropologiques pour le bonheur des couples*, publié en mars 2021. Durant deux ans, il a vécu une expérience pastorale sur le terrain dans son diocèse et est au service de la famille. Il fut directeur adjoint de l'ETHEFAS Ecole Théologique pour la Famille et la Société, une école qui forme les laïcs dans son diocèse à Porto-Novo (BENIN). Il est maintenant doctorant en Mariage et famille à l'Institut Pontifical Jean-Paul 2 à Rome.

Printed by Books on Demand GmbH, Norderstedt / Germany